UN COLLAR DE SEMILLAS

Haikus, senryus, jaikus, poemas breves

c o l e c c i ó n   r ú b r i c a

Un collar de semillas. Haikus, senryus, jaikus, poemas breves
© Eloísa Pardo
© Editfuss, S.L. (Esstudio Ediciones)
c/Arroyo de Pozuelo, 109 • 28023 Madrid

Diseño editorial: Esstudio Ediciones
Primera edición: 2025
ISBN: 979-13-87638-47-4
Depósito Legal: M-27553-2025
Maquetación y preimpresión: Esstudio Ediciones
Imprime: DSIG,SL

El papel utilizado para la impresión de este libro no daña el medioambiente, por lo que está considerado como papel ecológico.

colección rúbrica

ELOÍSA PARDO

• • • •

UN COLLAR DE SEMILLAS

Haikus, senryus, jaikus, poemas breves

esstudio ediciones

No será el miedo a la locura lo que nos obligue
a bajar la bandera de la imaginación.

ANDRÉ BRETÓN,
Primer Manifiesto Surrealista

A Chewie, *mi perro autista, que me acompaña*
siempre en el conteo de sílabas.

Al recuerdo perpetuo de Haro

*A mi deambular**

*A la presencia, en mi estudio, de dos luceros*****

(*) ERRÁTICA
Mi deambular.
Mi deseo, mi duda
de continuar.

(**) DOS ÁNGELES
Son dos luceros
que iluminan mi estudio.
Hondo silencio.

No haber caído,
como otros de mi sangre,
en la batalla.
Ser en la vana noche
el que cuenta las sílabas.

Tanka.
El oro de los tigres,
J.L. BORGES

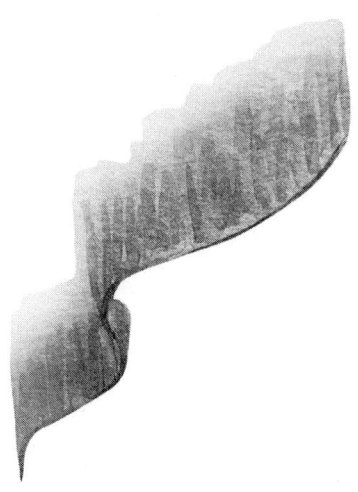

No camines detrás de mí,
podría no guiarte…

Este camino
ya nadie lo recorre,
salvo el crepúsculo.

Matsuo Basho

Es así, caminando, como no puedo dejar de perge-
ñar estos pequeños poemas, el baile de mis dedos es
imparable, y cualquier movimiento temblón de una
hoja, el viaje de una mariposa, las gotas de lluvia en
el alero de mi sombrero o la huida sorprendida de
una paloma, me ponen en alerta y comienzo a des-
granar sílabas y componer en mi memoria el ansiado
haiku o *senryu*; aunque, al recordar todo lo estudiado
sobre estos poemas japoneses, retrocedo en mi in-
tento, avergonzada de no cumplir con los requisitos
necesarios. Ya lo sabemos: teniendo en cuenta la di-
ferencia cultural; la, a veces, falta de *kigo*, la compa-
rativa de las *moras* con las sílabas, la contemplación
de un paisaje determinado, la cultura, mi deseo…

Y continúo contando: cinco, siete, cinco, el mi-
lagro del momento, el aquí y ahora, detenerse, mirar,

ver, mostrar. No soy un *haijin*, soy una enamorada de las palabras, de la brevedad de este tipo de poesía que, además, me ayuda a caminar, a buscar imágenes con las que componer estos mínimos poemas que asumo como deleite personal, como emoción repentina, como ejercicio de mis dedos ansiosos.

Así, como dijo Basho, el maestro del *haiku*, recorro los senderos en busca de los más sutiles descubrimientos. Lo he hecho durante mis caminos de Santiago; en los viajes por Francia; deambulando por mi casa; mientras paseo con *Chewie*, mi Pomerania autista; cuando duermo.

Pueden ser *haikus* o no, poco importa; son píldoras que me llenan de placer, diecisiete sílabas que condensan una sensación momentánea, que calman mi sed, que me ayudan a continuar mi camino, este camino que elegí, como el maestro Basho, un día concreto, en que me despojé de ropajes antiguos y comencé a navegar por el mar de las palabras, un territorio inabarcable y hermoso, un descubrimiento gozoso y constante.

Escrivivir,
mi primer pensamiento
al despertar.

Un collar de semillas, este conjunto de poemas breves, *haikus* y *senryus*, lleva mucho tiempo olvidado. Escondidos en un cuaderno grande, de tapas moradas y chafadas en las esquinas, viajero y paciente. Al volver, años después, a leer su contenido, quizá haya versos, palabras, sílabas que podría cambiar; pero noto que la página retrocede, como herida. Me recuerda que aquello fue lo que sentí en aquel momento, en aquel lugar, y eso sí que quiere representar el poema: fijar el instante, detenerse, vibrar, ver, pensar.

Aquí dejo mi marabunta de sueños, como aquellos poetas vagabundos, en mi intento de caminar junto al maestro, buscando alguna revelación, tatuando sueños en el cuaderno ajado en que se va convirtiendo también, poco a poco, pero con demasiada velocidad, mi vida.

La autora

CAJÓN DE SASTRE

Y así es la vida,
como un haiku trenzado,
como un suspiro.

Llega el poema,
desvía tu mirada,
te desordena.

Y tu ventana,
cuadradito de día
entre la niebla.

Mujeres rotas,
el viento deja olvidos
entre sus bocas.

Forman colonias,
hormigas por el mundo,
la marabunta.

Por los senderos
de tu piel, yo recorro
un campo fértil.

De noche escucho
en mi cuerpo el rumor
de la carcoma.

Y ellas sonríen,
mientras tejen sus haikus
cuentan las moras.

Sueños de antaño,
detrás de los cristales
se están meciendo.

Mujer que escribe
y esconde en el poema
dolor y miedo.

En mi ventana,
tras la tormenta acuden
los estorninos.

Pájaro, dime,
¿dónde está aquel amor?,
¿dónde el recuerdo?

Duerme el deseo,
debajo de mi cama
paciente espera.

Miro la luna
y admiro su tristeza,
grande y redonda.

Y piso el cielo
en el charquito sucio
de la avenida.

Las margaritas
esperan impacientes
que las desnuden.

En el conticinio

Todo es silencio
y la noche se crece.
Arden mis ojos.

Viento de otoño
y es una alfombra de hojas,
mis pensamientos.

Por las mañanas
soy montañita rusa,
agua en sus manos.

Con mi sombrero
me protejo del miedo,
soy invisible.

Que fueron mías
aquellas tardes rojas.
Vivos recuerdos.

Cruje el pasado,
como las hojas secas
de nuestro otoño.

Ardo en el fuego,
cada vez más intenso,
de tu memoria.

Muere la tarde,
y con ella los sueños
de mis mañanas.

Echo de menos
aquel temblor de dicha
entre mis muslos.

Tan solo un beso,
ven, solamente un beso,
un beso, solo.

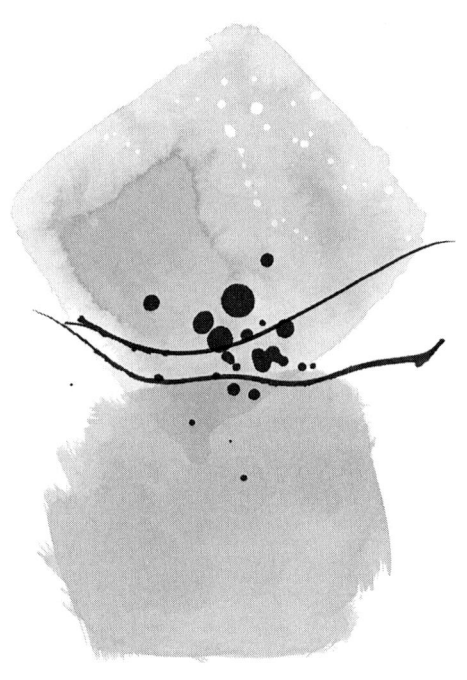

Los pensamientos,
como vuelo de pájaros,
nubes de lluvia.

Las golondrinas
danzan tras los cristales,
cantan el aire.

Cierro los ojos,
ante el zumbido zen
de las abejas.

Y, si me fuera,
por aquella hendidura
se ve la nieve.

(*Tantas veces. Tantos deseos*).

I

Ánima mundi,
los ojos de mi perro,
negros luceros.

II

Rozas mis piernas,
carnaval de algodones,
trufita al viento.

(*Para Haro. Doce años de felicidad compartida*)

BEATUS ILLE

Mi soledad,
la vida retirada:
dichoso aquel (que)

Marzo de 2008

TOURS

«Jardín de Francia»,
plena de encanto y vida,
libros antiguos.

Arte. Vivir.
Mercado de las flores,
todo madera.

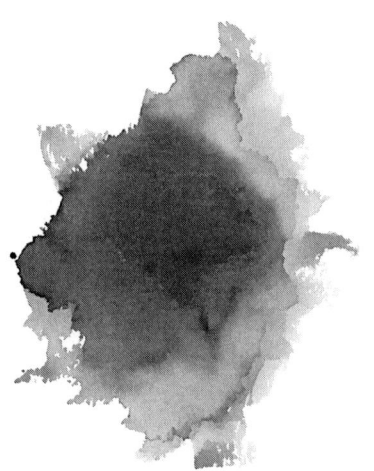

Calles estrechas,
arcaicas chimeneas,
olor a lilas.

Es medieval,
plaza de piedra llana,
treinta mercados.

Catedral de Tours,
pasado, larga historia,
búsqueda de Dios.

LOIRA

El río Loira:
treinta y ocho castillos
en sus riberas.

Con Leonardo da Vinci, aquella mañana.
Mi fiebre.

En Amboise vi,
Château du Clos Lucé,
duerme Leonardo.

En Saint-Hubert
ya no duerme Leonardo,
los hugonotes.

COLLIOURE

La calle en pie,
barrio de pescadores,
pintura y música.

I

Y le adivino,
debajo de las flores,
un hombre bueno.

II

Capa de viento.
Me protege del ruido
del camposanto.

(*Tumba del poeta Antonio Machado*).

MODIGLIANI

Es Modigliani,
bello como un amor
y solitario.

Es Modigliani,
príncipe de Montparnasse,
niño mimado.

UMAMI

Es la delicia,
profundiza el placer,
quinto sabor.

EURÍPIDES

Deus ex machina,
solución del problema,
el guion resuelto.

Vuelta de tuerca,
sorpresa inesperada,
giro final.

EN EL CAMINO

Chales de niebla,
Camino de Santiago,
en Roncesvalles.

En el camino,
a golpe de bastón
nos hermanamos.

Los peregrinos,
con la espalda cargada,
cruzan el río.

En el albergue
bendecimos la mesa,
tortilla y vino.

Mirad las vides,
henchidos los racimos
de mermelada.

Las cepas viejas,
cogidas de las manos,
juegan al corro.

PEQUEÑAS DOSIS

Las siemprevivas,
de su variado grito
brota el poema.

Escamas

En las marismas
del estuario del río,
la sal de Maldon.

Toda una vida
sin mojarse los labios,
pasa el koala.

Tela de araña,
material resistente,
naturaleza.

Por sus bigotes
tiene equilibrio el gato.
Sexto sentido.

Siempre son fieles,
caballitos de mar,
mueren de amor.

El alfabeto
más largo del mundo es
el camboyano.

Las cucarachas
perduran sin cabeza;
mi amor también.

Puso a su amor
tres puntos suspensivos.
Y borró dos.

A ver mañanas,
con las manos cogidas,
van los dos ciegos.

¿Y me preguntas hoy por qué estoy triste?
De los álamos vengo.

ÁNGEL GONZÁLEZ

Entre los álamos,
ver la duda en las hojas
y sus temblores.

Aunque haya luna
y me cante una nana,
noche de insomnio.

Cajón de sastre,
el mandil de la abuela,
sueños de infancia.

Tengo la luz,
los árboles, la luna:
falta el poema.

La primavera,
el aire prometiendo
cualquier deseo.

Ahora

Viento de otoño.
Se presentó de pronto,
le abrí la puerta.

Hace tiempo

Siento el recuerdo
del verano en el aire
entrando en casa.

Bajo la luna
medio mundo que duerme,
otro la piensa.

Toda la noche
pensando en tus rodillas,
mi fortaleza.

VOYEUR

Bajo la luna,
los amantes, el beso.
Cruje una rama.

No camines delante de mí,
podría no seguirte…

NOMBRES

La perra *Laika*
murió sola. Moscú,
la nave *Sputnik.*

El primer hombre,
Adán, se encuentra solo,
soplo de Dios.

Eva, mujer,
surge del Paraíso,
sueño del hombre.

Edgar Allan Poe,
dios intelectual,
padre de *El Cuervo*.

Gregorio Samsa,
transformado en insecto:
Metamorfosis.

Es Juana de Arco,
la doncella de Orleans,
martirio en Ruán.

Oscuro y frío,
cruzo el río de Heráclito,
cambio incesante.

Nudo gordiano
con Alejandro Magno,
leyenda griega.

La oscuridad,
Thomas Alva Edison:
y la luz se hizo.

Avaro y cruel
fue Sísifo, rey de Éfira,
castigo eterno.

Se llama *Chewie*,
mi Pomerania autista,
aquí a mi lado.

No quiero ir,
nada más que hasta el fondo,
lluvia otra vez.

Últimos versos de Alejandra Pizarnik.

ÁRBOLES

Pino silvestre,
la más dulce madera
para los celtas.

Temblor del álamo,
el que evita la muerte,
susurro de hojas.

El avellano,
árbol de la belleza,
sabiduría.

Sauce llorón,
protector de los rayos,
en Babilonia.

Temblor y muerte,
la sombra del ciprés
es alargada.

Ciprés altivo,
símbolo funerario,
arca de Noé.

El ser vivo más alto y longevo del planeta

Árbol gigante,
secuoya de mil años,
jefe *cherokee.*

ABSENTA

Picasso, Degas,
Wilde, Van Gogh, Baudelaire,
el Hada Verde.

VENTANA ABIERTA

Me miro el pecho,
dos deseos que encajan
entre tus manos.

Perviven huellas,
quimeras, espejismos,
entre mis muslos.

Abro los ojos
y en la colcha descansa
la madrugada.

Pájaro, dime:
¿dónde estará mi amor?
¿Cómo su piel?

Pájaro, dime:
¿dónde escondes sus besos?
¿Dónde tu nido?

Trenzar un haiku,
relámpago en la noche,
luz de luciérnaga.

¡Qué maravilla!
El ancla irresistible
de sus rodillas.

La esperanza

Con ojos verdes
y la sonrisa quieta,
me mira el alma.

Salvo la pena,
todo lo arrastra el viento.
También la pena.

Vengo del mar,
traigo lleno de sal
el corazón.

Los ojos miran,
dudas del tenedor.
Indiferencia.

Página en blanco,
despliego mis naufragios,
guardo la pluma.

Si soy feliz,
en el bolsillo llevo
siempre la luna.

Aquella noche,
debajo de mi piel,
ferrocarriles.

Llega el poema,
ante mis ojos vuela,
alas de talco.

Entre las sábanas
se evitan nuestras pieles,
el frío muerde.

En soledad,
tras los cristales rotos
baila la luna.

Las tardes turbias.
De la pasión perdida.
Desde aquel día.

Es el abismo
de tu espalda desnuda.
Castigo eterno.

La primavera
te contesta con flores
¡tantas preguntas!

Melancolía:
es la felicidad
de la tristeza.

Noche de estío.
El croar de las ranas,
tu amor y el mío.

Enamorándonos,
caminando a la par,
latiendo a un tiempo.

Te miro, Luna.
Me subo a tu misterio,
toda la magia.

Cuando me cubres,
es tu cuerpo mi patria,
fervor y muerte.

Es el clamor
del ruido del silencio
dentro del pecho.

Ventana abierta,
como pájaros huyen
tantas promesas.

Desde aquel día,
se escaparon los sueños
por las esquinas.

PROPIEDAD PRIVADA
Poemas breves de andar por casa

Y, en la cocina,
lloran los azulejos,
sopa caliente.

En la cocina,
desayunos, meriendas.
Algarabía.

Desde la cama
miro el baile de nubes,
vuelo de pájaros.

Dejo en la colcha,
que dibuja tu cuerpo,
mi corazón.

Tiendo la ropa,
tu camisa y mi falda
se reconocen.

Tanta rutina.
El cuarto de la plancha
sueña un incendio.

Bajo la ducha
se diluyen mis lágrimas.
Salgo y sonrío.

La noche es larga,
por tus piernas asciendo
al santuario.

Tú y yo en la cama.
En el rincón, la lámpara,
eterna espía.

Cuarto de juegos,
la pelota, el cabás,
el dinosaurio.

Mi dormitorio,
la terraza y las flores,
cuaderno y pluma.

Noche cerrada,
y las sábanas cómplices
de tanta espera.

La cama es alta,
las sábanas bordadas,
el crucifijo.

Cuarto de baño,
dos cepillos, el hambre,
un albornoz.

En el estudio,
mis cuadernos, nostalgias,
tinta en los dedos.

En toda infancia,
los pasillos son largos,
lentos y oscuros.

Al despertar,
nuestros cuerpos se buscan,
rubor de sábanas.

Mi casa tiene
libros, luz, paz, tu amor,
la buganvilla.

Me dijo ayer:
si tú me dices ven,
lo dejo todo.

Desde la cama,
escucho el rebullir
del conticinio.

Viendo la tele,
mantita, libro, té,
vela encendida.

MURMULLOS DE AMOR

Mi nieto Eneko,
es un campo de trigo,
es amapola.

Bajo la almohada
mete Eneko la mano,
buscando el sueño.

Es flor Martina,
de esas que, de tan puras,
no buscan nombre.

Lee con sorpresa
mis poemas Martina,
luego sonríe.

David me mira,
y sus ojos despiden
soles de invierno.

David me cuenta,
con sus ojos despiertos,
lo que no sabe.

Con amigos

Sangre en Padura,
lugar de piedras rojas,
Arrigorriaga.

Viaje poético el 16 de noviembre de 2024

PARA LUZ

Amiga mía,
estos haikus te dejo,
leves instantes.

Amiga mía,
tú que esperas mis letras,
que me acompañas.

Amiga mía,
que comprendes mi miedo,
esta agonía.
La carcoma en mis noches,
dar la espalda a la muerte.

Adónde iré
cuando llegue el momento.
Los años pasan,
ansia por escribir,
ansia. Parar el tiempo.

Mi casa tiene,
libros, luz, paz, mi amor,
la buganvilla.
Tiene calor y música,
un sillón, esperanza.

Tanka de despedida.

TANKAS DE AUSENCIA

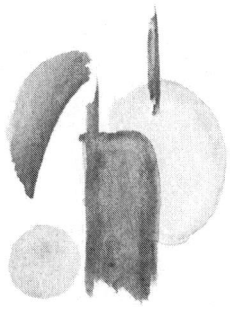

Cuando te miro,
un puñado de escombros
tras los silencios.
En nuestra historia yacen
cinco palabras muertas.

Solo recuerdo
lo que esconden mis uñas.
Ansia de piel.
Hasta que se marchite,
la noche se abre en pétalos.

En tu mirada
he visto la verdad.
Fríos carámbanos.
Un cobertor de abrazos
le he puesto al corazón.

Así, desnuda,
me redime el poema.
Busco la noche,
me cubre su oleaje.
Todo mi cuerpo es luna.

Era mi piel.
Mi corazón ansioso.
Mis manos llenas.
Era mi amor tan alto.
Tanta pregunta al viento.

Me trae la brisa
susurros de tu voz,
sombra en el alma.
Me acompaña la luna,
hay silencio de estrellas.

*Simplemente camina a mi lado
y sé mi amigo.*

ALBERT CAMUS

Hay silencio de estrellas...
Hay nostalgia en el aire...
Me trae la brisa...
Recuerdos...
Susurros de tu voz...
Sombra en el alma.

Índice

Basho, cuyo verdadero nombre era Matsuo Kinsaku (1644-1694), fue el poeta más famoso del periodo Edo de Japón. Es el máximo representante del arte del *haiku*, breve poema de tres versos que captura la esencia de un momento o una experiencia.

Basho nos enseña a mirar.

Aunque hoy en día se le reconoce principalmente por su trabajo como poeta, también fue un eximio maestro de la poesía japonesa tradicional, llamada *haikai no renga*. Esta forma de poesía es un estilo colaborativo en el que varios poetas se turnan para componer versos que se conectan entre sí para formar un poema completo.

Basho es especialmente conocido por su libro *Oku no Hosomichi* (Los senderos estrechos del interior). Este libro, publicado en 1689, es un registro de su viaje a pie por las provincias del norte de Japón.

A lo largo de su vida, adoptó un estilo de vida

austero y se dedicó a la meditación y a la búsqueda de la soledad en la naturaleza. Este enfoque se refleja en sus *haikus*, que son breves y sencillos, pero profundamente evocadores: *Todo está aquí, en una brizna de hierba, en el ladrido de un perro, en el vuelo herido de una hoja o en la mosca que zumba atrapada en mi mano.*

En lo cotidiano se oculta lo maravilloso. Se trata de saber mirar, mirar las cosas como si fuera la última vez, para verlas como si fuera la primera vez.

El 9 de septiembre de 1694, estando Basho a punto de morir, escribió una nueva versión de un *haiku* antiguo:

> *Cascada clara,*
> *verdes hojas de pino*
> *van en tus olas.*

Este *haiku* se grabó en piedra, y el 12 de julio de 1971 se colocó allí donde el rio Kiyotaki se funde con el río Oi.

> *Viajando enfermo*
> *mis sueños atraviesan*
> *páramos secos.*

Este *haiku* lo escribió Basho a las dos de la mañana del 9 de octubre de 1694, tres días antes de su muerte. Se culpaba por su obsesión de componer poemas incluso en un momento tan crítico, y dijo: «¡Este es el fin de mi obsesión!».

Murió en Osaka, el 12 de octubre de ese año. Su cuerpo recibió sepultura, según sus deseos, en el templo Gichu, cerca de Zeze, en el lago Biwa.

«El tiempo es una falacia, porque lo eterno reside en cada instante».

Contemplo el cielo,
las estrellas fugaces,
mi propio otoño.

Makoto no hoka ni haikai nashi
(Sin autenticidad no hay haiku).

UESHIMA ONITSURA

Dice la autora:

Un collar de semillas y los *haikus*, aunque parecen objetos y conceptos muy diferentes, comparten un significado común relacionado con la naturaleza, la sencillez y la conexión con lo esencial.

El collar, especialmente si está hecho de semillas con un significado cultural o espiritual, representa la naturaleza, la tierra y el vínculo con el ciclo de la vida.

Los *haikus*, por su parte, son poemas cortos que buscan capturar la belleza de la naturaleza y los momentos cotidianos con pocas palabras.

Recojo haikus,
un collar de semillas
llevo en el pecho.

Esta edición de *Un collar de semillas.*
Haikus, senryus, jaikus, poemas breves
de Eloísa Pardo
se terminó de editar en Madrid,
en el mes de diciembre de 2025